Math challenger
수학 영재들이
꼭 읽어야 할 **천재 수학자 2**
수학을 놀이처럼 즐겨라 **페르마**

글 박윤경

단국대학교 대학원에서 문예창작을 전공했습니다. 독서 지도를 하며 책을 통해 아이들과 만나고 있습니다.
《세상을 배우는 갈래별 글쓰기 1, 2》를 썼고, 《오즈의 마법사》, 《검은 말 이야기》, 《15 소년 표류기》 들을 엮었습니다.

그림 송향란

추계예술대학교에서 동양화를 전공했습니다. 현재 프리랜스 일러스트레이터로 활동하고 있습니다.
《손에 잡히는 교과서》, 《마귀할멈 감자 행성에 가다》, 《쭈꾸미 달에 올라가다》, 《마귀할멈 지구 속으로 사라지다》, 《동화로 읽는 우주 이야기》, 《세종대왕과 친구하기》 들에 그림을 그렸습니다.

감수 계영희

고신대학교 정보미디어학부 교수로 재직하고, 수학사학회 이사, 한국여성수리과학회 이사직을 맡고 있습니다. 수학 교사들을 대상으로 한 강연 들을 통해 수학을 쉽고 재미있게 가르치는 일에 힘쓰고 있습니다.
《수학과 미술》, 《수학을 빛낸 여성들》(공역), 《피아제와 반 힐레 실험에 근거한-우리 아이 수학 가르치기》(공저), 《수학과 문화》(공저) 들에 글을 썼고, 수학 잡지 〈수학사랑〉에 '수학과 미술' 이라는 주제로 글을 일 년 동안 연재하였습니다.

수학 영재들이
꼭 읽어야 할 천재 수학자 **2**

Math challenger

수학을 놀이처럼 즐겨라

페르마

글 박윤경 | 그림 송향란 | 감수 계영희

살림어린이

추천 글

사람마다 모두 좋아하는 취미가 달라요. 취미를 알면 성격과 특징을 알 수 있지요. 그런데 취미가 수학이라면 어떤 사람일까요? 아마추어 수학자 페르마가 그 주인공이지요.

페르마는 참 특별한 수학자예요. 아니, 수학자라고 말하기에는 어색하지요. 왜냐하면 직업은 법관이고, 그저 취미 삼아 수학을 했기 때문이에요. 게다가 페르마가 남긴 것은 책의 여백에 적은 기록과 다른 수학자들과 주고받은 편지가 전부예요. 그런데도 수학사에 남긴 업적으로 보면, 아주 위대한 수학자이지요. 정수론의 아버지라고 불리며 17세기 최고의 수학자로 인정받아요.

'페르마의 마지막 정리'는 수학사 최대의

수수께끼였어요. 삼백여 년 동안 아무도 풀지 못하고, 현상금이 걸리기까지 했지요. 1960년대에 열 살 난 와일스는 페르마의 마지막 정리를 알게 되어요. 와일스는 잔뜩 호기심을 느껴 수학자의 꿈을 키워 나가지요. 그리고 마침내 페르마의 마지막 정리를 증명했어요.

 페르마의 마지막 정리가 증명된 게 아깝다고요? 나중에 수학자가 되어 멋지게 문제를 풀어 낼 수 있었는데 말이에요.

 수학의 아름다움에 빠진 페르마의 이야기를 보여 주는 이 책은 어린이 여러분에게 아주 특별한 감동을 줄 거예요.

2008년 3월
고신대학교 정보미디어학부 겸 유아교육과 교수
계영희

책을 읽기 전에

사람들은 페르마에게 '아마추어 수학의 왕자', '수수께끼의 대가', '수학이 취미인 사람' 같은 별명을 붙여 주었어요.

페르마가 남긴 마지막 정리를 증명하기 위해 새로운 이론들이 증명되었어요. 페르마가 남긴 기록은 삼백여 년이라는 세월을 거슬러 올라 많은 수학자들에게 영감을 주고, 진정한 학문의 힘이 무엇인지 고민하게 했지요.

페르마는 수학이라는 딱딱하고 지루할 것 같은 학문을 가장 설레고 즐거운 취미로 받아들였어요. 오직 수학 자체가 기쁨이고 행복이었지요.

돈과 명예만을 중시하는 요즘, 페르마의 끝없는 열정과 세상에 때묻지 않은 자세는 귀한 본보기가 될 거예요. 아무 대가 없이 좋아하는 일에 빠져 들 수 있다는 것 자체가 행복한 일이니까요.

2008년 3월
박윤경

차례

수수께끼가 풀리다 ---- 8

가죽 조각 맞추기 ---- 18

축복 받은 결혼 ---- 30

진실 앞에 서다 ---- 42

《산술》을 만나다 ---- 50

수수께끼의 탄생 ---- 60

수학에 대한 순수한 열정 ---- 72

죽을 고비를 넘기다 ---- 84

확률론의 기초를 세우다 ---- 100

마지막 재판 ---- 110

▶ 수학사에 남긴 페르마의 업적 – 118
▶ 페르마 더 살펴보기 – 124

수수께끼가 풀리다

마침내 오래된 수수께끼가 풀리다.
수학의 전설적인 영웅 페르마의 수수께끼
앤드루 와일스가 수수께끼를 풀다.

전 세계의 신문들이 모두 같은 내용을 머리기사로 실었습니다.
1993년 6월, 케임브리지 대학교 강의실에서 아주 중대한 사건이 있었습니다. 와일스라는 수학자

페르마의 마지막 정리

$$x^n + y^n = z^n$$

x, y, z는 양의 정수

$n = 2$

$3^2 + 4^2 = 5^2, \ldots = 13^2, \ldots$

가 오랜 세월 많은 수학자들의 숙제로 남아 있던 '페르마의 마지막 정리'를 *증명했습니다.

"여러분, 이것으로 페르마의 마지막 정리가 증명되었습니다."

가장 어렵고, 가장 유명했던 수학 문제가 해결되는 순간이었습니다. 강의실에는 침묵이 흘렀습니다. 그리고 잠시 후 우레와 같은 박수가 쏟아져 나왔습니다.

"페르마의 마지막 정리를 증명하는 것은 오래된 바람이었습니다. 이것을 해결하니 왠지 슬픕니다. 다른 수학자들도 기운이 빠져 있을 것입니다. 페르마의 마지막 정리는 우리들에게 꿈을 갖게 했지만, 결코 실현될 수 없는 대상이라고 생각했습니다. 그래서인지 저는 무엇인가 빼앗긴 기분이 듭니다."

와일스의 강의가 끝나자, 여기저기서 웅성거리는

***증명** 수학에서 어떤 정리로부터 나온 다른 명제가 옳고 그름을 밝힘.

소리가 들렸습니다.

"삼백여 년 만에 드디어 풀린 건가?"

"페르마의 마지막 정리가 정말 증명되었다는 거야?"

다음 날 페르마의 마지막 정리와 와일스라는 이름은 사람들의 화젯거리가 되었습니다.

"와일스가 정말 대단한 일을 했군."

"와일스 그 사람도 대단하지만, 페르마의 마지막 정리가 더 뛰어나다던걸."

수학자가 아닌 사람들도 페르마의 마지막 정리 이야기로 시끌시끌했습니다.

"그게 도대체 뭐야?"

"오랫동안 왜 그 문제를 못 풀었다는 거야?"

"너무 어려운 문제였다는군. 현대 수학의 모든 방법들을 이용해야 풀 수 있는 문제래."

많은 수학자들이 페르마의 마지막 정리를 풀기

위해 무던히 애를 썼습니다. 수학자들은 문제를 풀지는 못했지만, 문제를 푸는 열쇠를 마련했습니다.

처음 시도했던 수학자의 증명 방법에 *오류가 있음이 밝혀지고, 다음 수학자는 오류를 되짚고 새로운 방법을 사용했습니다. 그리고 그 다음 수학자는 또 다른 방법으로 증명을 했습니다. 와일스도 수학자들의 업적을 살펴보고, 실패의 원인을 찾아내 증명을 성공했습니다.

와일스는 열 살 때, 페르마의 마지막 정리를 알게 되었습니다. 그로부터 삼십 년이라는 세월이 흘렀습니다. 페르마의 마지막 정리를 증명하는 과정에서 새로운 여러 가지 수학적 방법이 발견되었습니다. 와일스가 제출한 논문은 이백 쪽에 달하는 많은 양이었습니다.

페르마의 마지막 정리에는 많은 상금이 걸려 있었습니다. 프랑스 과학원에서 두 번이나 상금을 걸

***오류** 규칙을 어기고 행한 잘못된 추리.

었고, 1908년에는 볼프스켈이라는 사람이 상금을 걸었습니다.

볼프스켈은 독일의 사업가였습니다. 아버지로부터 물려받은 사업을 하면서 수학자들과 만나고 있었습니다. 볼프스켈의 가문은 대대로 예술과 과학을 후원해 오고 있었습니다.

"상금이 십만 마르크였다지."

"십만 마르크?"

당시 십만 마르크는 약 이십억 원에 달하는 큰돈이었습니다. 제1차 세계 대전 후, 돈의 가치가 뚝 떨어지기는 했지만, 많은 사람들의 관심은 계속 이어졌습니다.

볼프스켈은 죽기 전에, 페르마의 마지막 정리를 증명하는 사람에게 자기의 유산을 주라는 유언을 남겼습니다. 백 년 뒤인 2007년까지 페르마의 마지막 정리를 증명하는 사람이 없으면, 상금은 없어진다고 했습니다.

상금에 관한 소식은 수학 *학술지와 잡지를 통해 유럽 전체로 퍼져 나갔습니다. 몇 주가 지나자, 정말 놀랄 만한 일이 벌어졌습니다. 산더미 같은 편지들이 괴팅겐 대학교로 배달되었습니다. 심사 위원회는 아침부터 저녁까지 편지를 읽고 답장을 보

***학술지** 학문과 기술 분야의 전문적인 글을 싣는 잡지.

냈습니다. 일 년이 지나도 보내오는 편지는 여전히 많았습니다.

"벌써 접수된 편지만 3미터 높이라네."

"아직도 제대로 증명한 사람이 없습니까?"

이 말을 들은 심사 위원 한 사람이 깔깔대며 웃었습니다.

"말도 말게. 아주 황당한 사람들도 있다네. 증명을 반만 보내면서 천 마르크를 주면 나머지 반을 공개하겠다고 하는 사람도 있고, 자기의 답을 정답으로 인정해 주면 자기가 유명해진 뒤 수입의 일 퍼센트를 주겠다고 하는 사람도 있다네. 더욱기가 막힌 것은 자신의 답을 인정해 주지 않으면, 가만두지 않겠다는 협박까지도 한단 말일세."

페르마의 마지막 정리를 증명하는 사람은 명예와 돈을 한꺼번에 얻을 수 있었습니다. 하지만 페르마의 마지막 정리는 증명이 되지 않았습니다. 사람들의 기억에서도 조금씩 잊혀져 갔습니다.

"페르마의 마지막 정리는 아무도 풀 수 없는 수수께끼로 남게 될 거야."

지난 삼백여 년 동안 많은 사람들이 이 문제를 풀기 위해 노력했습니다. 그런데 드디어 와일스가 증명을 한 것입니다.

와일스는 칠 년 동안이나 밤낮으로 연구했습니다. 그러나 와일스의 논문도 완벽한 것은 아니었습니다. 논문에서 오류가 발견되었습니다. 와일스는 절망에 빠졌지만 잘못되었던 부분을 확인하고, 완벽하게 정리를 해 다시 발표를 했습니다.

1997년 6월, 와일스는 상금을 받았습니다. 페르마의 마지막 정리를 증명하는 것은 수학사에 한 획을 긋는 일이었습니다. 그동안 풀리지 않았던 수수께끼가 해결되자, 많은 사람들이 궁금증을 갖게 되었습니다.

"도대체 페르마가 누구야?"

가죽 조각 맞추기

　피에르 드 페르마는 풍족하게 어린 시절을 보냈습니다. 아버지는 가죽 상인이었고, 어머니는 변호사 집안 사람이었습니다.
　어느 날 어머니는 페르마의 방 앞을 지나가다 멈춰 섰습니다. 방에서 말소리가 들렸습니다.
　"피에르, 지금 뭐 하고 있니?"
　"책을 보고 있었어요."
　방에는 책이 여러 권 펼쳐져 있었습니다.

'피에르는 글자도 모르는데…….'

어머니는 고개를 갸우뚱거렸습니다. 글자를 모르는 페르마에게 책이 재미있을 리가 없는데 페르마는 싱글벙글 웃고 있었습니다.

"피에르, 이게 무슨 뜻인지 아니?"

"아니요. 그렇지만 글자의 모양이 재미있어요. 둥글고, 길쭉하고, 재미난 모양이 모여 있어요."

페르마는 고사리 같은 손가락으로 글자를 하나씩 가리켰습니다. 어머니는 웃으며 페르마의 머리를 쓰다듬어 주었습니다.

"엄마, 여기 새와 나무를 보세요. 새와 나무가 이야기를 하고 있어요."

"피에르, 새와 나무가 무슨 이야기를 할까? 엄마도 궁금한걸."

그러자 기다렸다는 듯이 조그만 손가락으로 그림을 가리키며 이야기를 시작했습니다.

"나무에 여기, 구멍이 있어요. 그러니까 새가 나무에게 이 구멍에 들어가서 살고 싶다고 말하고 있는 거예요."

페르마의 이야기는 책에 나온 이야기와 전혀 다른 내용이었습니다. 그림을 보며 상황을 떠올리는 아들의 진지한 얼굴을 보니, 어머니는 웃음이 나왔습니다.

페르마는 조용한 집안에 웃음을 주었습니다. 페르마가 자랄수록 부모님의 기쁨도 커졌습니다.

어머니는 그날부터 페르마에게 글자를 가르쳤습니다. 소리 내어 따라 읽게 하고, 공책에 쓰도록 했습니다.

페르마는 손에 힘을 주고, 천천히 따라 썼습니다. 삐뚤빼뚤한 글씨가 공책을 채워 갔습니다.

페르마는 글자가 마음에 들 때까지 쓰고 또 썼습니다. 손가락이 아프고 땀이 났습니다. 그러나 점

점 반듯해지는 글자를 보니 기분이 좋았습니다.

"엄마, 엄마."

페르마의 목소리가 쩌렁쩌렁 울렸습니다.

"피에르, 무슨 일이니?"

깜짝 놀란 어머니가 달려왔습니다. 페르마가 공책을 쓱 내밀었습니다. 공책에는 힘을 주어 눌러 쓴 글자들이 빼곡했습니다. 글자의 모양이 모두 반듯했습니다.

"우아, 많이 예뻐졌네."

페르마가 함박웃음을 지었습니다.

"글자를 읽을 수도 있어요."

"피에르, 정말이니?"

어머니는 두 눈을 동그랗게 뜨고 페르마를 보았습니다. 페르마는 공책을 손에 들고, 또박또박 읽어 내려갔습니다.

페르마는 글자 공부가 재미있었습니다. 예쁘게

쓰고, 소리 내어 읽을 수 있을 때까지 글자 공부를 되풀이했습니다.

"우아, 신난다."

글자를 쓸 줄 알게 된 페르마는 신이 나서 아무 데나 글자를 썼습니다. 방바닥과 벽, 공책 여기저기에 페르마가 써 놓은 장난 글씨가 가득했습니다.

"피에르, 또 방바닥에 장난 글씨를 썼구나! 이게 뭐니?"

어머니가 여러 번 주의를 주고, 야단을 쳐도 소용없었습니다. 페르마는 생각나는 대로 여기저기에 글자를 쓰거나 그림을 그려 놓았습니다.

"엄마, 이렇게 하면 생각이 더 잘 나요. 생각했다 다시 쓰려고 하면, 금방 잊어버려요."

"피에르, 마치 실타래가 뒤엉켜 있는 것 같구나."

어머니는 고개를 절레절레 흔들었습니다.

페르마는 어머니를 보며 생글생글 웃었습니다. 어머니는 어쩔 수 없다는 표정을 지었습니다.

그때 일을 마치고 돌아오는 아버지의 모습이 보였습니다.

"아빠다!"

페르마는 쏜살같이 달려갔습니다.

아버지는 친구들과 함께 다른 지방으로 여행을 가기로 했습니다. 페르마는 함께 가고 싶어 아버지를 졸랐지만, 아버지는 허락하지 않았습니다. 그런데 웬일인지 페르마가 계속 고집을 부렸습니다.

"꼭 가고 싶단 말이에요. 데려가 주세요."

아버지는 페르마를 가만히 쳐다보았습니다.

"피에르, 따라와 보렴."

페르마는 아버지의 뒤를 졸졸 따라 서재로 갔습니다. 서재에는 책이 많이 꽂혀 있었습니다. 아버지는 구석에서 가죽을 한 뭉치 들고 왔습니다.

"피에르, 가죽은 어떻게 손질하느냐에 따라 질이 달라진단다. 또 가죽은 아주 정직하지."

아버지는 가위로 가죽을 잘라 여러 조각으로 만들었습니다. 그리고 페르마를 똑바로 쳐다보며 말했습니다.

"좋아. 피에르, 아빠와 내기를 하자꾸나. 이틀 안에 이 가죽 조각을 맞추면 이번 여행에 너를 데려가 주마."

페르마는 고개를 끄덕였습니다. 페르마는 흩어져 있는 가죽 조각을 한곳에 모아 조심스럽게 들고 방으로 갔습니다.

"피에르, 이제 그만 자. 벌써 늦었는걸."

페르마는 가죽 조각을 맞추느라 졸린 줄도 몰랐습니다.

"엄마, 가죽 조각 맞추기가 생각보다 어려워요. 하지만 해 볼 거예요."

페르마는 고집을 부렸습니다. 그리고 찬찬히 조각을 맞추어 나갔습니다. 가죽 조각의 개수가 많아서 쉽게 모양을 찾을 수 없었습니다.

'조금만 더 하면 돼.'

페르마의 이마에 땀이 송글송글 맺혔습니다.

페르마는 다음 날도 책상 앞에 앉아 가죽 조각을 맞추었습니다.

"피에르, 가죽 조각을 다 맞추었니?"

아버지는 집을 나서기 전에 책상에 있는 가죽 조각들을 보았습니다. 가죽 조각은 형태가 거의 완성되었는데 두 군데가 비어 있었습니다.

"아빠, 약속을 못 지킬 것 같아요."

페르마는 금방이라도 울 것만 같았습니다.

"피에르, 저녁까지 시간이 있잖아. 이따 저녁때 보자."

페르마는 가죽 조각들을 다시 흐트러 놓고, 처음부터 다시 맞추기 시작했습니다. 그러나 조금 전 모양과 같았습니다. 아무리 해도 두 군데는 맞는 조각이 없었습니다. 페르마는 가죽 조각을 그대로 두고 방에서 나갔습니다. 그리고 서재로 갔습니다.

'혹시 서재에 떨어져 있을지도 몰라.'

페르마는 서재 바닥을 구석구석 살펴보았습니다. 하지만 아무리 찾아도 가죽 조각은 보이지 않았습니다.

"어유. 가죽 조각을 못 맞추겠어."

페르마는 시무룩해져서 서재에서 나가려고 했습니다. 그런데 책상 위에 무엇인가 놓여 있는 게 보였습니다. 가까이 가서 보니 가죽이었습니다.

"어? 내가 가지고 있는 거랑 같은 색깔이네. 조금만 자를까?"

페르마는 가죽을 보며 고민을 했습니다. 가죽을 조금만 자르면, 비어 있는 조각을 맞출 수 있을 것 같았습니다. 하지만 페르마는 선뜻 내키지 않았습니다.

저녁이 되어 아버지가 돌아왔습니다.

"피에르, 가죽 조각은 다 맞추었니?"

페르마는 고개를 저었습니다. 책상에 놓인 가죽 조각은 여전히 두 군데가 비어 있었습니다.

"피에르, 이리 오렴."

아버지는 페르마를 꽉 끌어안았습니다.

"피에르, 기특하구나. 아빠는 네가 자랑스럽다."

페르마는 순간 어리둥절했습니다. 알고 싶은 듯이 아버지를 쳐다보자, 아버지가 주머니에서 가죽 조각

두 개를 꺼내 보여 주었습니다.

"아빠!"

"피에르, 네가 어떻게 하는지 보고 싶었단다."

아버지는 유혹을 누르고, 거짓말을 하지 않은 페르마가 무척 믿음직스러웠습니다. 페르마는 아주 고집스러울 정도로 정직했습니다.

축복 받은 결혼

페르마는 조금 더 자란 뒤, *수도원에 들어가 체계적인 교육을 받았습니다. 대학에 입학한 뒤에는 부모님의 바람대로 법률을 공부했습니다. 그리고 서른 살 무렵에 변호사이며 *행정관으로서 법률 일을 맡아보았습니다.

어느 화창한 아침이었습니다. 페르마가 잔뜩 긴장한 표정으로 창가를 서성거렸습니다.

"피에르, 무슨 일이 있니?"

---
* **수도원** 수사나 수녀들이 종교적인 수행을 하며 공동 생활을 하는 곳.
* **행정관** 국가의 행정 관리를 맡은 관리.

어머니의 말을 들은 페르마의 얼굴이 붉어졌습니다. 마치 비밀을 들킨 사람 같았습니다. 페르마의 가슴 속에는 사랑이 꽃피고 있었습니다.

"저, 그게."

페르마는 머리만 긁적거렸습니다.

"피에르, 날씨가 무척 좋은걸. 이제 곧 손님들이 도착할 시간이구나. 루이즈도 온다던데, 너도 알고 있지?"

어머니는 살며시 웃었습니다.

"네."

"루이즈는 정말 사랑스러운 아이야. 너도 그렇게 생각하지 않니?"

페르마는 고개만 끄덕였습니다. 그때 말발굽 소리가 들렸습니다.

"어머, 벌써 도착한 모양이다."

어머니는 창밖을 내다보며 말했습니다.

집 앞에 마차가 한 대 섰습니다. 페르마는 마차에서 내리는 루이즈를 보자, 가슴이 두근거렸습니다.
'한 송이 수선화 같구나.'
색이 고운 드레스를 입은 루이즈는 무척 아름다웠습니다. 드레스 자락이 바람에 흔들렸습니다.
루이즈는 페르마를 보고, 가볍게 고개를 숙여 인사했습니다.
지난 모임 때 루이즈를 본 다음부터 페르마

는 루이즈를 생각하는 시간이 많아졌습니다. 어렸을 때는 루이즈를 귀여운 동생이라고만 생각했습니다. 그런데 어느새 루이즈가 아름다운 숙녀로 자라났습니다. 말이 없는 페르마였지만, 루이즈에게는 자꾸 말을 걸고 싶었습니다.

"루이즈, 오늘은 더 예쁜걸."

루이즈가 빙그레 웃음을 띠었습니다. 페르마는 자기도 모르게 자꾸만 얼굴이 달아올랐습니다.

페르마는 맞은편에 앉아서 식사를 하는 루이즈를 쳐다보았습니다. 가끔씩 루이즈와 눈이 마주쳤습니다.

"루이즈에게 정원을 구경시켜 주렴. 지난번에 새로 심은 나무와 꽃들도 보여 주면서 말이야."

페르마의 속마음을 눈치 챈 어머니가 귀띔해 주었습니다. 어머니는 다른 손님들과 차를 마시고, 페르마는 루이즈와 밖으로 나왔습니다.

두 사람은 정원을 나란히 걸었습니다.

"햇살이 따뜻하군."

헛기침을 하며 페르마가 먼저 말을 꺼냈습니다. 루이즈는 소리 없이 웃었습니다.

"저, 이거."

루이즈가 작은 봉투를 건넸습니다.

"이게 뭐지?"

페르마는 봉투를 열어 보았습니다.

페르마는 깜짝 놀라 두 눈이 커졌습니다. 직접 수를 놓은 예쁜 손수건이었습니다.

'세상에! 이렇게 귀한 것을······.'

페르마는 가슴이 몹시 벅찼습니다. 손수건을 보던 페르마가 루이즈를 보았습니다.

"당신처럼 예쁜 꽃이군."

루이즈가 웃었습니다. 마치 커다란 꽃 한 송이가 활짝 핀 것 같았습니다. 페르마의 심장이 소리를 내며 뛰기 시작했습니다.

페르마는 손수건을 오래도록 바라보았습니다. 하얀색 꽃과 분홍색 꽃이 가장자리에 예쁘게 수놓아 있었습니다. 손수건에서 달콤한 꽃향기가 나는 것 같았습니다.

"일은 재미있나요?"

"일하는 게 힘이 들 때도 있지. 하지만 보람 있는 일이야."

루이즈를 바라보는 페르마의 두 눈이 반짝반짝 빛났습니다.

"루이즈, 잠깐만 기다려."

페르마는 루이즈를 혼자 두고, 갑자기 집을 향해 부리나케 뛰어갔습니다. 조금 뒤 페르마는 숨을 헐떡거리며 돌아왔습니다.

페르마는 루이즈에게 시집을 건넸습니다.

"이렇게 귀한 선물을 받았는데, 나도 답례를 하고 싶어."

"어머나! 정말 고마워요."

루이즈는 페르마에게 마음에 드는 시를 읽어 달라고 했습니다. 페르마는 아름다운 사랑의 시를 골라 읽어 주었습니다. 따뜻한 햇살과 부드러운 바람이 두 사람 곁에서 맴돌아, 마치 한 폭의 아름다운 그림을 보는 것 같았습니다.

어느덧 해가 지고, 모임에 왔던 사람들이 모두 돌아갔습니다. 페르마는 마차가 보이지 않을 때까지 문 앞에 서 있었습니다.

페르마는 루이즈에게서 받은 손수건을 주머니에

서 꺼냈습니다. 바탕이 하얀 손수건을 보니, 루이즈의 고운 얼굴이 떠올랐습니다.

'내가 사랑에 빠지다니!'

페르마는 세상 모든 것이 아름다워 보였습니다.

책상 앞에 앉아 페르마는 펜을 들었습니다. 그리고 루이즈에게 편지를 썼습니다.

> 조금 전에 돌아갔는데, 당신이 벌써 보고 싶군.
> 이런 내가 이상해 보일 수도 있겠지만,
> 나는 맹세코 허풍쟁이가 아니오.
> 당신을 만날 때마다 내 심장의 고동 소리는 커지고,
> 당신이 웃을 때마다 내 마음은 천국으로 변한다오.
> — 페르마가

페르마는 자신의 마음을 편지로 알렸습니다. 다음 날도 그 다음 날도 편지를 썼습니다. 편지를 쓰

는 페르마의 얼굴은 아주 행복해 보였습니다.

"오늘은 답장이 오려나."

편지를 보낸 다음 날이면 페르마는 안절부절못했습니다. 페르마는 문 앞을 서성거리고, 혹시나 하고 자주 창밖을 내다보았습니다. 일을 마치고 집에 돌아와서 루이즈에게서 답장이 왔는지 제일 먼저 살폈습니다.

"편지가 왔군."

루이즈에게서 편지가 오면 페르마는 어린아이처럼 기뻐했습니다. 루이즈는 페르마가 건네준 시집의 시를 적거나 생활 속에서 일어난 일들을 적어 보냈습니다.

　　루이즈, 어제는 꿈을 꾸었다오.
　　어린 시절의 당신과 내가 꿈속에 나타나더군.
　　왜 어린 시절 꿈을 꾸었을까?

어쨌든 그렇게라도 당신을 보니 기뻤다오.
지난번 편지에 몸이 아프다더니, 지금은 괜찮은지.
항상 당신을 생각하고 있다오.

— 페르마가

일이 바빠서 편지를 쓰지 못하는 날에도 페르마는 루이즈를 생각했습니다.

"이제 나도 가정을 꾸려야지."

페르마는 루이즈와 결혼하고 싶었습니다. 그래서 루이즈에게 자신의 마음을 알리는 편지를 썼습니다. 그러나 며칠이 지났는데도 루이즈에게서 답장이 없었습니다.

"몸이 많이 아픈 걸까? 혹시 내 청혼을 받아들이지 않는다는 걸까?"

페르마는 몹시 초조했습니다. 그래도 실망하지 않고, 마음을 전하는 편지를 계속 썼습니다.

"야호!"

드디어 루이즈에게서 편지가 왔습니다. 페르마는 두 팔을 번쩍 들어올리며 크게 소리쳤습니다. 루이즈도 페르마와 같은 마음이었습니다.

"드디어 내 마음을 받아 주는군."

페르마는 좋아서 펄쩍펄쩍 뛰었습니다.

페르마와 루이즈는 가족과 친척들의 축복을 받으며 결혼했습니다.

진실 앞에 서다

"안녕하시오. 페르마 선생."

페르마는 찾아온 손님을 보고 얼굴을 찡그렸습니다. 거드름 피우기 좋아하는 부자 영감이었습니다. 부자 영감은 며칠째 페르마를 찾아와 성가시게 굴었습니다.

"이번에 나를 도와주면 사례는 충분히 하겠소. 그러니까 이번 일은 그냥 넘어가 주시오. 당신은 너무 고지식해요."

"해야 할 일이 많군요. 나가 주시죠."

페르마는 무표정한 얼굴로 문을 가리켰습니다.

"당신도 나와 친하게 지내면 좋지 않소. 아다시피 나는 꽤 부자란 말이오."

부자 영감은 페르마의 말에 아랑곳하지 않고 거드름을 피웠습니다. 페르마는 부자 영감을 똑바로 쳐다보았습니다.

"부자라고요? 이곳에서 당신을 모르는 사람이 있습니까? 어린아이도 다 압니다."

페르마는 비꼬는 듯한 말투로 부자 영감에게 차갑게 말했습니다.

"당연한 거 아니겠소. 대부분의 사람들이 내게 도움을 받고 있단 말이오."

부자 영감은 한껏 우쭐거렸습니다.

"돈을 빌려 주고 비싼 이자를 받으니, 당신도 손해 볼 것은 없죠."

페르마의 말에 부자 영감은 얼굴을 찡그렸습니다. 그러나 금방 아무 일 없던 것 같은 표정을 지었습니다.

"당신도 나를 도와주면 손해 볼 건 없잖소."

부자 영감은 입가에 *비열한 웃음을 띠며 페르마를 쳐다보았습니다.

"몇 번을 찾아오셔도 대답은 같습니다. 나는 거짓을 말할 수는 없습니다."

"정말 말이 통하지 않는군. 그렇게 잘난 척해서 얻는 게 뭐요?"

부자 영감의 목소리가 커졌습니다. 페르마도 지지 않고 목소리를 높였습니다.

"나는 내 직업을 좋아합니다. 바르게 사는 방법을 알려 주기 때문입니다. 내가 당신이라면 더 이상 욕심을 부리지 않을 겁니다. 당신은 만족하는 법을 배워야 합니다."

---

*비열 사람의 하는 짓이나 성품이 천하고 졸렬함.

"뭐라고? 감히 내게 충고를 하겠다고? 당신의 콧대가 얼마나 높은지 두고 보겠소."
부자 영감은 씩씩거리며 사무실을 나갔습니다.

"후유, 오늘은 몹시 긴 하루야."

페르마는 마음을 가다듬고 일을 계속했습니다. 밖은 어느새 어두워졌습니다. 페르마는 그제야 일어나 집으로 향했습니다. 반짝거리는 별들이 페르마의 길동무가 되어 주었습니다.

며칠 뒤 법정에서 페르마는 부자 영감을 다시 보게 되었습니다.

"당신은 세금을 내지 않았습니다. 이것은 법을 어기는 행동입니다."

"내가 법을 어겼다는 증거가 있소?"

부자 영감은 오히려 큰소리를 쳤습니다. 페르마는 자신의 죄를 뉘우치지 못하는 부자 영감이 한심했습니다.

"세금을 내지 않은 것도 잘못인데 더 뻔뻔한 것은 그것을 인정하지 않으려는 것입니다."

페르마는 부자 영감을 노려보았습니다. 그러고는

종이를 몇 장 보여 주었습니다.

"이 종이가 당신이 무엇을 잘못했는지 알려 주는 증거입니다."

큰소리를 치던 부자 영감은 종이를 보더니 고개를 숙였습니다. 페르마는 그동안 꼼꼼히 조사를 했습니다. 부자 영감은 꼼짝없이 벌금을 낼 수밖에 없었습니다.

재판이 없는 날이면, 페르마는 사무실에 앉아 처리해야 할 일을 살펴보았습니다. 한참 일을 하고 있는데 사무실 문이 열렸습니다.

"페르마 씨, 이것 좀 먹어 봐요."

이웃집에 사는 라울 씨였습니다. 라울 씨는 접시를 들고 서 있었습니다.

"이게 뭐예요?"

"아내가 구운 케이크예요. 지난번에 도와준 거 고마워서요."

"그런 말 마세요. 제가 당연히 해야 할 일을 했을 뿐인데요."

페르마는 접시를 받아 들었습니다. 케이크에서 달콤한 냄새가 났습니다.

"우아, 벌써부터 군침이 도네요."

페르마는 어린아이처럼 기뻐했습니다.

페르마는 억울한 일을 당한 사람들을 대신해 *탄원서를 작성해 주고, 형편이 어려운 사람들을 도왔습니다. 억울한 일을 당하는 사람들이 많아서인지 페르마는 늦게까지 일을 할 때가 많았습니다.

---

*탄원서 사정을 하소연하며 도와주기를 간절히 바라는 글이나 문서.

《산술》을 만나다

'나는 최선을 다하면 되는 거야.'

페르마는 늘 맡은 일을 더 성실히 해야겠다고 다짐했습니다. 그러나 페르마의 다짐이 벽에 부딪칠 때가 있었습니다. 가끔씩 친구나 친척들이 찾아와 개인적인 사정으로 부탁을 해 왔습니다.

"페르마, 이러다가는 내 농토를 다 빼앗기고 말 거야. 자네가 힘을 써 주게."

페르마는 부탁을 받을 때마다 곤란했습니다.

"그것은 원래 자네의 것이 아니잖아. 원래의 주인에게 돌려주는 게 맞다고 생각하네."

"알겠네. 친구인 내 부탁도 들어주지 못하겠다는 말인가. 다시는 자네를 찾아오지 않겠네."

"오해하지 말게. 결코 자네를 미워해서 이러는 게 아니야."

"됐네. 더 이상 말하지 말게."

친구는 화를 내며 돌아갔습니다. 페르마는 크게 한숨을 내쉬었습니다.

"모든 사람이 내 마음을 알아줄 수는 없겠지."

옆에서 지켜보던 루이즈는, 페르마가 안쓰럽고 한편으로는 걱정스럽기도 했습니다. 시간이 지날수록 찾아오는 친구들과 친척들의 수가 점점 줄었습니다.

"여보, 편하게 생각해요. 세상은 혼자 살 수 없잖아요."

루이즈가 조용한 목소리로 말했습니다.

페르마는 루이즈의 손을 잡았습니다. 부드럽던 아내의 손도 많이 거칠어졌습니다. 루이즈는 아이들을 키우며 힘들어도 조금도 내색하지 않고, 늘 페르마의 편이 되어 주었습니다.

"나도 힘들구려. 루이즈, 내가 정말 잘못하고 있는 거요?"

"아니에요. 당신이 옳아요."

루이즈는 잠시라도 어리석은 생각을 한 자신이 부끄러웠습니다.

페르마는 불쌍한 사람들을 돕고 싶었습니다. 높은 권력을 가진 사람들은 세금을 내지 않거나, 재산을 늘리기 위해 비열한 행동을 일삼았습니다. 그래서 가난하고 힘 없는 사람들은 땅을 빼앗기고, 세금을 많이 내야 했습니다.

하지만 친구들이나 친척들은 페르마를 빈정거리곤 했습니다.

"자네 혼자 세상을 걱정하는 사람 같군."

"이제 나를 친구로 생각하지 말게."

"자네가 그렇게 대단한가? 대체 언제까지 그렇게 당당한지 지켜보겠네."

이런 말을 들을 때마다 페르마는 일을 그만두고 싶었습니다.

"아니야, 흔들리면 안 돼. 양심에 어긋나는 일은 하지 않겠다고 맹세했잖아."

페르마는 힘들 때마다 마음을 굳게 다졌습니다.

페르마는 일을 끝내고 나서 혼자 있는 시간이 많아졌습니다. 마치 쇠가 들어 있는 것처럼 머리가 무겁고 아팠습니다.

책상 위에 엎드려 보았지만, 친구들과 친척들의 모습만 떠올랐습니다. 모두 화를 내거나 소리를 지르는 모습들이었습니다.

페르마는 의자에서 일어나 서성거렸습니다. 책이 가득한 서재에 있으면 마음이 조금 편안했습니다. 페르마는 천천히 책을 둘러보았습니다. 책 한 권이 눈에 띄었습니다. 고대 그리스의 디오판토스가 쓴 《산술》이었습니다.

"수학에 관한 책이구나!"

페르마는 책을 펴고 읽기 시작했습니다. 페르마

의 얼굴에 미소가 번졌습니다.

"세상에! 정말 재미있군. 수학이 이렇게 흥미로울 줄이야."

페르마는 책을 읽느라 밤이 깊어 가는 줄도 몰랐습니다. 그날부터 페르마는 《산술》을 날마다 펼쳐 보았습니다.

"왜 진작 이 책을 알지 못했을까?"

페르마는 《산술》을 볼 때면 생기가 넘쳤습니다.

"오호, 이 문제는 이렇게 푸는 거로군."

페르마는 책의 *여백에 식을 써 내려갔습니다. 또 문제의 답이 생각날 때마다 책의 여백에 깨알같이 적어 놓았습니다. 또 책의 여백은 문제를 푸는 새로운 방법들로 채워졌습니다. 일을 끝내고 집에 돌아오기가 무섭게 페르마는 수학 문제를 푸는 일에 열중했습니다.

"여보, 아이들과 놀아 주세요."

***여백** 종이 따위에, 글씨를 쓰거나 그림을 그리고 남은 빈 자리.

루이즈가 수학 문제를 푸는 데 정신이 팔려 있는 페르마에게 말했습니다.

"응? 미안, 미안하구려."

페르마는 아이들이 있는 방으로 내려갔습니다.

"얘들아, 디오판토스에 대해 들어 보았지?"

페르마는 아이들 앞에서도 수학 이야기를 꺼냈습니다.

루이즈는 고개를 저었습니다.

"정말 당신은 못 말리는 사람이에요."

페르마는 자상한 남편이자 아버지이기는 했지만, 조금은 엉뚱한 구석이 있었습니다. 다시 서재로 돌아온 페르마는 책상 앞에 앉아 수학 문제를 풀기 시작했습니다.

"디오판토스가 과연 당신을 보면 좋아했을까요? 자기 책에 장난 글씨만 가득하다고 싫어했을 것 같아요."

루이즈가 차를 내려놓으며 말했습니다.

"무슨 소리, 오히려 좋아하지 않았겠소? 자기 책에 이렇게 관심을 가져 주는데. 그나저나 이 책에 여백이 많아서 다행이오. 그렇지 않았다면 그냥 머릿속으로 계산을 하고 잊어버렸을 텐데……."

"당신을 보고 있으면 수학이 참 재미있다는 생각이 들어요."

루이즈는 페르마가 하는 일에 관심을 가져 주었지만, 지나치게 참견을 하지는 않았습니다. 페르마는 그런 아내가 고마웠습니다.

페르마는 시간이 날 때마다 수학 문제를 풀었습니다. 일이 많아 힘들어도 수학 문제를 풀다 보면 피곤함이 사라졌습니다.

"이런, 이런. 이 문제는 어린아이도 알 정도로 쉬운걸. 아주 간단한 문제야. 당시에는 이 문제를 증명하는 게 대단한 일이었군."

페르마는 수학 문제를 증명하고, 수학에 대한 것을 하나씩 알아 가는 게 너무 신났습니다.

"그렇군! 이렇게 하면 되는구나."

페르마는 문제를 풀다 탄성을 지르곤 했습니다. 그리고 책의 여백에 자신이 발견한 것을 적어 놓았습니다. 책의 중간이나 가장자리 부분에 페르마가 적어 놓은 정리가 하나 둘씩 늘어 갔습니다.

"이것은 아주 새로운 정리야. 아주 아름다운 정리인걸."

페르마는 새로운 것을 발견하고, 스스로 무척 기뻐했습니다.

수수께끼의 탄생

서재에서 함께 차를 마시고 있던 루이즈가 말했습니다.

"우리 수수께끼 내기 할까요?"

"수수께끼? 좋소. 얼마든지 내 보시오."

페르마는 무엇이든 다 맞힐 자신이 있었습니다. 루이즈가 목소리를 가다듬고 문제를 냈습니다.

"아침부터 밤까지 한 가지 생각만 하는 것은?"

페르마는 고개를 갸우뚱거렸습니다.

"좋아요. 그럼 도움말을 드리죠. 숫자를 아주 좋아해요."

이번에도 페르마는 멍한 표정이었습니다. 루이즈는 장난기 가득한 눈초리로 페르마를 보았습니다.

"바로 당신이잖아요. 당신은 아침부터 밤까지 수학 한 가지 생각만 하잖아요."

"그건 말도 안 되오. 내가 변호사라는 직업을 얼마나 좋아하는지 당신도 알고 있잖소. 나는 사람들을 돕는 일이 즐겁소. 물론 다른 변호사들과도 잘 지내고, 그 사람들도 나를 인정해 주었소. 내가 수학만 생각하는 건 아니란 말이오."

페르마가 직업에 만족하고, 누구보다도 성실히 일한다는 것은 루이즈도 잘 알고 있었습니다. 그러나 가끔은 너무 심하다는 생각이 들었습니다.

"하지만 집에 돌아와서는 수학만 생각하잖아요. 디오판토스가 그렇게도 좋아요?"

"정말 흥미로운 사람이오. 디오판토스의 묘비에 뭐라고 쓰여 있는 줄 아오?"

"대체 뭐라고 쓰여 있죠?"

"디오판토스는 인생의 6분의 1을 소년으로 보냈다. 세월이 흘러 인생의 12분의 1이 지난 뒤에는 얼굴에 수염이 자라기 시작했고, 다시 인생의 7분의 1이 지난 뒤에는 사랑하는 여인을 만나 결혼을 했다. 결혼한 지 5년 만에 소중한 아들을 얻었다. 그러나 아들은 아버지 나이의 반밖에 살지 못했다. 아들이 죽자, 슬픔에 빠진 디오판토스는 4년 후에 세상을 떠났다."

페르마의 말이 끝나자, 루이즈는 의아한 표정을 지었습니다.

"그럼 몇 살까지 살았다는 말이죠?"

"여든네 살까지 살았다오. 그건 이렇게 구하면 되오. 그러니까……."

페르마가 설명하려고 하자, 루이즈는 손을 내저었습니다.

"죽어서까지 사람들을 당황하게 만들다니! 당신은 그러지 않기를 바라요."

"수학은 정말 흥미로운 학문이오. 그 사실을 안 지는 얼마 되지 않았지만."

"하지만 보통 사람들은 그렇게 생각하지 않을걸요. 저도 마찬가지고요. 먼저 잘게요. 당신도 너무 늦지 마요."

루이즈가 하품을 하며 일어섰습니다.

페르마는 창밖을 보았습니다. 어느새 비가 내리고 있었습니다. 굵어진 빗줄기가 창을 요란스럽게 두드렸습니다.

"비가 오는군. 오늘 같은 날은 *방정식을 풀기에 *안성맞춤이지."

페르마는 《산술》을 펴고 읽기 시작했습니다. 디

---

*방정식 사용한 문자에 일정한 수를 넣으면 답이 되는 등식.
*안성맞춤 요구하거나 생각한 대로 잘된 물건을 비유적으로 이르는 말.

오판토스는 처음으로 수학에 기호를 사용하고, 여러 형태의 흥미로운 방정식을 세우고 답을 구했습니다. 디오판토스는 책을 여러 권 썼는데 페르마는 그중에서 《산술》을 가장 좋아했습니다.

"수학은 정말 흥미로워."

밤이 점점 깊어 가는데도 서재의 불은 꺼지지 않았습니다.

"디오판토스는 나의 영원한 스승이야."

페르마는 수학 문제를 풀 때면 걱정거리가 사라지고 아주 즐거웠습니다.

"이건 뭐지?"

방정식 하나가 페르마의 눈에 들어왔습니다. 페르마는 방정식을 가만히 들여다보았습니다. 그것은 피타고라스의 정리였습니다.

$$a^2 + b^2 = c^2$$

3의 *제곱 더하기 4의 제곱은 5의 제곱과 같다. 한 각이 직각, 즉 90도인 직각 삼각형에서 빗변의 길이를 제곱한 값은 나머지 두 변의 제곱을 더한 것과 같다.

"이건 이미 오래전에 증명된 사실이지. 또 다른 것은 없을까?"

페르마는 중얼거리며 골똘히 생각에 잠겼습니다.

페르마는 방정식을 들여다보며 이런저런 증명을 생각해 보았습니다. 페르마는 머릿속으로 계산하고, 증명하기를 좋아했습니다.

"*지수를 바꾸면 어떨까?"

페르마는 이 방정식에서 지수만 살짝 바꾸어 새로운 방정식을 만들었습니다.

✳ **제곱** 같은 수를 두 번 곱함.
✳ **지수** 수나 문자에 덧붙여 제곱한 횟수를 나타내는 숫자.

$$x^3 + y^3 = z^3$$

 페르마는 지수를 '2'에서 '3'으로 바꾸어 놓고 문제를 풀기 시작했습니다.
 "두 수를 각각 *세제곱하여 더한 결과가, 다른 세제곱수와 일치하는 세 수의 쌍을 찾는 게 쉽지 않은걸."
 페르마는 몇 번씩이나 방정식이 참이 되게 하는 세 수의 쌍을 찾아보았습니다. 그러나 답이 나오지 않았습니다.

 "4를 넣으면 어떨까?"
 "만약 5를 넣는다면?"
 "10 이상의 수도 가능할까?"
 페르마의 궁금증은 꼬리에 꼬리를 물었습니다. 책의 여백은 까맣게 채워지고 있었습니다.
 페르마는 시간 가는 줄도 모르고 문제를 풀고 또

***세제곱** 같은 수를 세번 곱함.

풀었습니다. 그러던 페르마가 넋이 나간 표정으로 앉아 있었습니다.

"우하하하!"

페르마가 갑자기 큰 소리로 웃기 시작했습니다.

"야호! 내가 해냈어. 내가 새로운 증명을 발견했다고!"

급기야 페르마의 입에서 탄성이 터졌습니다. 페르마는 날아갈 것만 같아 펄쩍펄쩍 뛰었습니다.

루이즈는 갑작스러운 외침에 잠에서 깼습니다. 어느새 날이 밝아 있었습니다. 루이즈는 서재로 달려갔습니다.

"아니, 대체 무슨 일이에요?"

"내가 해냈소. 내가 아주 멋지게 해냈다고!"

페르마는 루이즈를 꽉 끌어안았습니다.

"밤을 새운 거예요? 연구도 좋지만, 당신 건강이 먼저라고요!"

루이즈는 어이가 없었습니다.

페르마는 루이즈의 손을 잡고 책을 가리켰습니다. 조금 전까지 읽고 있던 《산술》이었습니다. 책의 여백에 깨알 같은 글씨로 무엇인가 적혀 있었습니다.

$$x^3 + y^3 = z^3$$

이 방정식은 아무도 풀지 못했다. 당연한 일이다. 왜냐하면 지수가 2보다 큰 경우에 이 문제에 맞는 값은 존재하지 않기 때문이다.

페르마는 새로운 방정식을 만들고, 정리를 달아 놓았습니다.

루이즈는 무슨 뜻인지 이해하지 못했습니다. 그러나 아래쪽에 적혀 있는 다른 글씨를 읽고는 한마

디 했습니다.

"여백이 없었던 게 천만다행이군요."

아래쪽에는 페르마가 쓴 장난기 어린 기록이 있었습니다.

나는 놀라운 방법으로 이 정리를 증명했다. 하지만 여백이 좁아 여기에 적지는 않겠다.

삼백여 년 동안이나 풀리지 않은 수수께끼가 탄생하는 순간이었습니다.

수학에 대한 순수한 열정

화가 난 얼굴로 파리 시내를 걷던 메르센 신부가 목적지에 도착했습니다.

"잘 있었소? 페르마 선생."

갑자기 큰 소리가 들려오자, 페르마는 깜짝 놀랐습니다. 페르마는 목소리의 주인공을 알아차리고, 자리에서 벌떡 일어났습니다.

"오랜만입니다. 메르센 신부님, 그동안 어떻게 지내셨어요?"

페르마는 메르센 신부를 반갑게 맞이했습니다.

"여러 곳을 돌아다녔지. 수학자들도 만나고."

메르센 신부의 얼굴은 피곤해 보였습니다.

"무슨 일 있습니까? 화가 나신 것 같은데."

"도대체 이 도시의 수학자들은 생각이 있기나 한 것인지."

페르마는 영문을 몰라 눈만 껌뻑거렸습니다. 메르센 신부는 목소리를 높여 한마디 더 했습니다.

"페르마 선생, 당신도 마찬가지야. 왜 자기들 생각만 하는 거지?"

"또 그 말씀이군요."

메르센 신부는 수도원에서 수학을 가르쳤습니다. 수사와 수녀들에게 팔 년 동안 수학을 가르치다 얼마 전에 파리로 왔습니다. 파리는 많은 사람들이 모이는 곳이었습니다. 다양한 사람들이 토론을 벌이고, 서로 정보를 주고받았습니다. 이곳에서 메르센 신부는 여러 수학자들을 만났습니다. 그러나 메르센 신부는 파리의 수학자들에게 크게 실망했습니다.

"이곳 파리에는 어리석은 사람들이 많더군. 혼자만 계산법을 알고 다른 사람에게 가르쳐 주지 않아. 그런 태도는 옳지 않네. 서로 의견을 나누며 새로운 정보를 알아야 해. 그래야 서로 도움이 될 수 있지 않겠나?"

메르센 신부는 수학자들이 알고 있는 사실들을 다른 수학자들과 나누는 것이 바람직하다고 생각했습니다. 페르마는 메르센 신부를 좋아했지만, 메르센 신부의 생각에 찬성하지는 않았습니다.

"글쎄요. 꼭 그렇게 해야 할 필요가 있을까요?"

"내 생각이 무조건 옳다는 것은 아닐세. 그러나 수학자들이 연구 결과를 나누지 않는다면, 수학의 발전은 뒤처지게 되네."

메르센 신부는 수학자들이 자유롭게 이야기할 수 있는 모임을 만들기를 원했습니다. 그래서 페르마에게도 연구한 내용을 발표하라고 여러 번 권했습니다.

페르마는 몇몇 수학자들과 편지를 주고받기는 했지만, 직접 만나는 일은 거의 없었습니다. 페르마가 직접 만나는 사람은 메르센 신부뿐이었습니다. 메르센 신부는 욕심을 채우기에 바쁜 다른 성직자들과 달랐습니다. 그래서 페르마는 메르센 신부와 가깝게 지낼 수 있었습니다.

"페르마 선생, 당신은 왜 새로 발견한 사실을 발표하지 않는 거지?"

"왜 굳이 발표를 해야 합니까? 저는 지금 이대로가 좋습니다."

페르마의 태도는 변함이 없었습니다. 메르센 신부는 다시 한번 페르마를 설득해 보았습니다.

"혼자서 연구하는 것도 좋지만, 서로 의견을 주고받으며 함께 연구하면 더 좋지 않겠나? 그리고 당신이 발견한 것을 발표하면, 얼마나 유명해질지 생각해 보았나?"

페르마는 고개를 저었습니다.

"저는 그저 수학이 좋을 뿐입니다. 변호사 일에도 만족하고, 가족들과 편히 쉴 수 있는 집도 있고요. 유명해지는 것에는 관심이 없습니다."

메르센 신부도 페르마의 마음을 잘 알고 있었습니다. 하지만 수학자로서 옳은 태도는 아니라고 여겼습니다.

"말이 안 통하는군. 왜 이렇게 고집을 피우는 것인가? 당신이 발견한 사실들은 다른 여러 수학자들에게 큰 도움이 될 거야. 또 당신의 노력으로 수학이 발전하는 것일세."

페르마는 가볍게 미소지었습니다.

"신부님. 그건 제 일이 아닙니다. 제가 하지 않아도 다른 사람들이 할 겁니다. 제가 아주 뛰어난 사람도 아니고, 저는 그저 즐거운 마음으로 수학을 하고 있을 뿐이에요."
"이런……."

메르센 신부는 페르마가 달리 생각해 주기를 바랐습니다. 그러나 페르마는 한번 결심한 일은 절대 바꾸지 않았습니다.

"제 생각에는 늘 변함이 없습니다."

"정말 쓸데없는 고집을 부리는군."

"신은 어린 시절에 숫자를 가지고 노셨을 거예요. 수학은 인간 세계에 존재하는 신의 장난감이에요."

페르마는 뛰어난 수학자들과 편지로 의견을 나눌 정도로 수학에 재능이 탁월했습니다. 하지만 자신이 새로 증명한 것을 발표하지 않았습니다.

'내가 발견한 것을 정리하려면 시간이 많이 필요할 거야. 내가 수학을 하는 것은 단지 취미일 뿐이라고. 내가 증명한 것을 정리하는 것은 시간 낭비일 뿐이야. 그런 것은 수학자들이 할 일이지. 그 시간에 나는 책을 읽겠어.'

메르센 신부는 페르마의 뛰어난 연구 결과가 그대로 묻히는 것을 안타깝게 여겼습니다. 메르센 신부는 기운 빠진 표정으로 돌아갔습니다.

페르마는 자신의 업적보다 수학을 하면서 느끼는 행복을 더 중요하게 여겼습니다. 페르마는 특히 수의 성질을 연구하는 데 큰 재미를 느꼈습니다.

"수는 정말 흥미로워. 25는 5를 두 번 곱한 제곱수야. 27은 3을 세 번 곱한 세제곱수이지. 이렇게 제곱수와 세제곱수 사이에 끼어 있는 수는 26뿐이야. 숫자는 알면 알수록 신기해. 새로운 관계들로 연결되어 있단 말이야."

갑자기 페르마의 머릿속에 재미있는 생각이 떠올랐습니다.

페르마는 부랴부랴 편지지를 꺼내 편지를 쓰기 시작했습니다.

"이 편지를 받으면 어떤 얼굴이 될까?"

페르마는 혼자 소리 내어 웃었습니다. 마치 장난꾸러기 아이 같았습니다. 페르마는 새로운 정리를 발견하면 다른 수학자에게 보내 주곤 했습니다.

저는 증명을 했는데, 당신도 한번 이 정리를 증명해 보시죠.

— 페르마가

페르마의 편지에는 문제만 있고, 증명이 쓰여 있지 않았습니다.

"대체 이게 뭐야? 페르마 그 사람이 정말 이것을 증명했다는 거야?"

"사실이라면 어째서 직접 보여 주지 않는 거지?"

편지를 받은 수학자들은 조급해졌습니다.

"도대체 어떻게 증명했다는 거야?"

페르마의 편지를 받은 수학자들은 자신들의 명예

가 떨어지는 것 같아 기분이 나빴습니다.

"직접 증명을 해 보라고 하면 어때?"

한 수학자가 말했습니다.

"그건 불가능한 일이야."

"맞아. 페르마 그 사람은 한 번도 자신이 증명한 내용을 발표한 적이 없잖아."

다른 수학자가 맞장구를 쳤습니다.

"정말 이상한 사람이야. 자기가 증명한 것을 세상에 알리면 돈도 벌고, 명예도 얻을 수 있을 텐데 말이야."

"자네는 아직도 페르마 그 사람을 모르나? 돈과 명예에는 전혀 관심이 없고 오로지 취미로 수학을 한단 말이네."

수학자들은 페르마의 편지를 보고, 머리가 복잡해졌습니다.

"이것을 증명했을 리가 없어."

"맞아, 허풍쟁이야."

수학자들은 페르마가 증명했다는 문제를 풀려고 애를 썼으나 소용없었습니다. 페르마는 영국인 사촌들에게도 똑같은 편지를 보냈습니다.

"고약한 취미를 가졌군."

편지를 받은 사촌들은 기분이 나빴습니다. 골탕을 먹는 기분이 들었습니다.

"할 일이 없는 모양이지. 아니면 머리가 어떻게 되었든지."

그러면서도 사촌들은 혹시나 하는 마음에 영국의 수학자 월리스에게 편지를 보여 주었습니다.

"당신이 보기에는 어떻소? 이 문제를 정말 증명했다고 생각해요?"

"기가 막히는군. 페르마 그 사람은 수학자도 아니란 말이오!"

월리스는 화가 났습니다.

'아주 건방지고 오만하군. 빌어먹을 녀석 같으니라고!'

월리스는 페르마가 낸 문제를 증명하려고 했지만, 결국 성공하지 못했습니다.

죽을 고비를 넘기다

"여보, 라울 씨 겨드랑이에 혹이 생겼대요."
루이즈가 헐레벌떡 뛰어 들어오며 말했습니다.
"그게 무슨 소리야? 감기라고 했잖아?"
페르마의 얼굴이 하얗게 변했습니다.
"여보, 어쩌면 좋아요. 이곳에도 설마……."
페르마는 루이즈가 무슨 걱정을 하는지 알고 있었습니다. 얼마 전부터 *흑사병이 퍼지고 있다는 소문이 돌았습니다.

*흑사병 페스트 균이 일으키는 급성 전염병. 오한, 고열, 두통에 이어 권태, 현기증이 일어나며 심한 경우에는 목숨을 앗아 감.

페르마는 라울 씨네 집으로 향했습니다.

"페르마 씨, 돌아가세요. 만약 흑사병이라면 전염이 될 수 있어요."

라울 부인이 문 앞에 서서 말했습니다.

"부인, 너무 염려하지 마세요. 라울 씨는 건강한 사람이에요."

페르마는 자신이 직접 라울 씨의 상태를 보고 싶었습니다. 침대에 누워 있는 라울 씨는 피부가 검게 변해 있었습니다.

'이런! 피부가 검게 변하다니, 그럼 역시……'

페르마는 아무 말도 할 수 없었습니다. 라울 씨의 침대 옆에 꿇어앉아 한참 동안 기도를 했습니다. 페르마는 라울 부인이 부르는 소리에 그제야 눈을 떴습니다.

페르마는 발걸음이 무거웠습니다. 하늘을 보니 낮인데도 검은 구름이 여기저기 깔려 있었습니다.

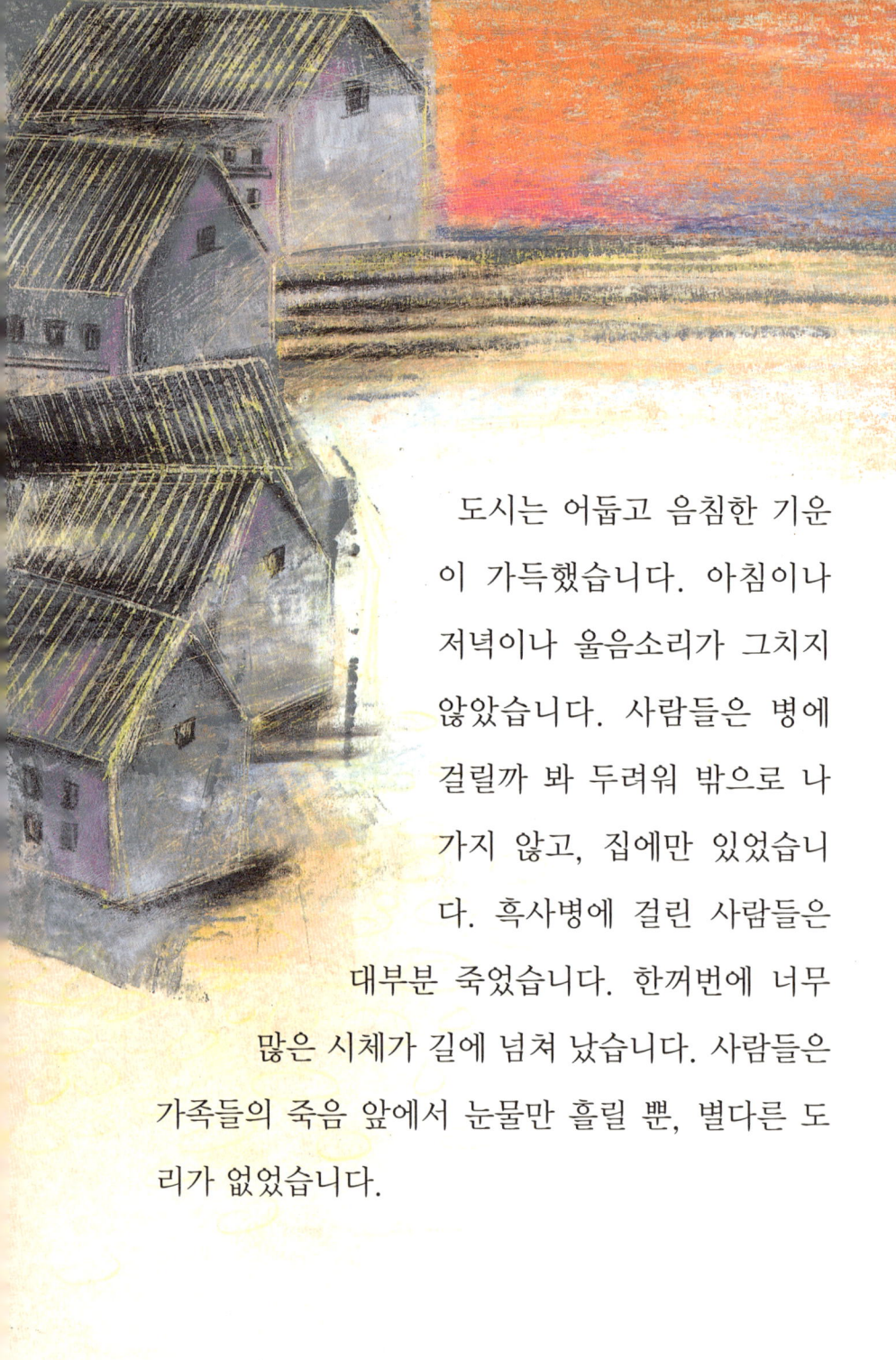

도시는 어둡고 음침한 기운이 가득했습니다. 아침이나 저녁이나 울음소리가 그치지 않았습니다. 사람들은 병에 걸릴까 봐 두려워 밖으로 나가지 않고, 집에만 있었습니다. 흑사병에 걸린 사람들은 대부분 죽었습니다. 한꺼번에 너무 많은 시체가 길에 넘쳐 났습니다. 사람들은 가족들의 죽음 앞에서 눈물만 흘릴 뿐, 별다른 도리가 없었습니다.

의사들은 병에 걸리기 싫으면 최대한 멀리 떠나라고 했습니다. 흑사병을 막기 위해 할 수 있는 일이라고는 문을 걸어 잠그거나 시골로 피난을 가는 것이 전부였습니다.

페르마가 집에 있는데 갑자기 밖이 소란스러워졌습니다.

"루이즈, 창문을 열어 봐요."

창문을 열자, 밖에 성직자들의 모습이 보였습니다. 몇몇 성직자들이 거리에서 큰 소리로 외치고 있었습니다.

"하느님이 여러분을 구해 줄 것입니다!"

그러자 닫혔던 문이 열리며 사람들이 밖으로 뛰어나왔습니다. 사람들은 성직자의 발아래 무릎을 꿇고 고개를 숙였습니다.

"살려 주십시오. 제발 저희들을 살려 주십시오."

"여러분의 믿음이 부족해서 그렇습니다."

성직자들은 모두 잘 들으라는 듯 큰 소리로 말했습니다.

"하라는 대로 다 하겠습니다. 그러니 제발 살게 해 주십시오."

그러자 성직자의 얼굴이 너그럽게 변했습니다.

"믿음은 마음만으로는 안 됩니다. 정성을 보여야 합니다. 하느님께 드릴 것을 마련하시오."

성직자들은 뻔뻔스럽게도 믿음을 핑계로 사람들에게 돈을 요구했습니다.

"나쁜 사람들 같으니라고!"

페르마는 괴로웠습니다. 하나 둘씩 세상을 떠나는 이웃들을 보는 것도, 혼란을 틈타 사람들을 속이는 성직자를 바라보는 것도 괴로웠습니다.

가난한 사람들은 집에 있는 물건을 팔아 돈을 마련해서 성직자에게 주었습니다. 그러나 흑사병에 걸린 사람들의 목숨을 구하지는 못했습니다.

성직자들도 흑사병을 피할 수는 없었습니다. 성직자 수가 줄어드는 바람에 자격을 못 갖춘 사람들도 성직자가 되어 사람들에게 돈을 요구했습니다.

그러던 어느 날이었습니다.

페르마는 여느 때와 다름없이 아침 식사를 하고 집을 나섰습니다. 그러나 몇 시간 지나지 않아 해쓱한 얼굴로 다시 돌아왔습니다.

"여보, 괜찮아요?"

루이즈는 열이 나고 온몸을 떠는 페르마를 보고, 가슴이 덜컥 내려앉았습니다. 페르마도 흑사병에 걸리고 말았습니다.

루이즈는 온갖 정성을 다해 페르마를 보살폈습니다.

페르마의 옆에서 떠날 줄 모르고, 자기의 몸은 돌보지 않았습니다. 야윈 루이즈의 얼굴에는 근심이 가득했습니다.
"여보, 제발 일어나요."

루이즈는 밤을 새워 기도를 하고, 땀을 닦아 주었습니다. 며칠이 지나자, 페르마는 열이 내리고 힘겹게 눈을 떴습니다.

"깨어났군요. 하느님, 고맙습니다."

천만다행으로 페르마는 다시 건강을 되찾았습니다. 페르마는 루이즈에게 감사할 따름이었습니다.

페르마는 다시 일을 시작했습니다.

변호사 일은 보람이 컸지만, 힘이 들 때도 많았습니다. 아주 가혹한 처벌을 내려야 할 때도 있고, 곤란한 상황에 빠지기도 했습니다.

"어떻게 해야 할지 모르겠소."

"승진 때문에 그렇군요."

페르마의 얼굴이 어두워졌습니다. 루이즈는 페르마를 꼭 안아 주었습니다.

"나는 당신이 잘 해낼 거라 믿어요. 지금까지 그래 왔던 것처럼요."

"고맙소."

건강을 되찾은 뒤, 페르마는 툴루즈 의회 의원으로 승진했습니다. 흑사병으로 목숨을 잃은 사람이 많았기 때문이었습니다.

페르마는 승진한 뒤에 더 열심히 일했습니다. 병으로 목숨을 잃은 사람의 임무를 대신 맡았기 때문에 더 무거운 책임감을 느꼈습니다.

'나는 법률가로서 올바르고 양심적인 행동을 할 거야.'

루이즈는 페르마가 걱정되었습니다. 페르마는 늦게까지 일하는 날이 전보다 더 많았습니다. 새로 맡은 일도 마음에 걸렸습니다. 페르마가 재판을 하기도 했습니다. 재판을 하고 사람들의 미움을 사는 경우도 있었습니다. 권력을 차지하려는 사람이 많아서 매우 조심해야 했습니다.

루이즈는 요즘 부쩍 힘들어 보이는 남편을 보기

가 안쓰러웠습니다. 페르마는 계속 늦게 집에 돌아왔고, 밤을 새우는 일도 많았습니다. 혼자 고민을 하다가 수학 문제를 풀고, 그러고는 다시 멍하게 있는 일도 많았습니다.

그러던 어느 날이었습니다.

"오늘이 재판이 있는 날이죠? 판결은 어떻게 날 것 같아요?"

페르마는 루이즈를 빤히 쳐다보았습니다. 루이즈는 한 번도 재판에 관한 일을 물어보지 않았습니다. 루이즈가 이렇게 물어보는 것은 그만큼 오늘 있을 재판이 중요하기 때문이었습니다.

"너무 걱정하지 마오. 나는 내 양심에 따라 판결할 거요."

페르마는 루이즈를 안심시키고, 법정을 향해 걸어갔습니다.

"판사님, 이번 사건은……."

동료 판사가 말을 꺼냈습니다.

"저도 잘 압니다. 그러나 우리 모두 같은 결론 아니겠소?"

페르마는 법정 안으로 들어갔습니다.

법정 안에는 재판을 보러 온 사람들이 많았습니다. 사람들은 판결이 어떻게 날 것인지 관심이 많았습니다.

"수석 판사가 어떻게 결정을 내릴 것 같나?"

"글쎄, 다들 그게 궁금해서 이곳에 있는 거잖아."

재판을 담당한 수석 판사는 페르마였습니다. 페르마를 비롯해 여러 판사들이 오늘 재판에 대해 많은 고민을 했습니다.

이날 재판을 받는 사람은 성직자였습니다. 당시에는 성직자의 권위가 높았습니다. 그래서 함부로 판결을 내리기가 어려웠습니다.

잠시 동안 법정 안이 술렁거렸습니다. 그러다 침

묵이 흘렀습니다. 잠시 후 페르마가 판결을 내렸습니다.

"피고는 성직자로서의 본분을 잊고, 해서는 안 될 행동을 했습니다. 따라서 본 법정은 피고를 *화형에 처할 것을 선고합니다."

판결이 내려지자마자 순식간에 법정 안이 아수라장이 되었습니다.

"당신 제정신이오?"

"천벌을 받을 것이오."

재판이 끝났어도 사람들은 자리에서 일어날 줄 몰랐습니다.

---

*화형 사람을 불살라 죽이는 형벌.

페르마는 자기가 옳다고 믿는 일을 하는 데 조금도 흔들림이 없었습니다. 그래서 페르마를 헐뜯거나 미워하는 사람들도 있었습니다.

"페르마는 수학에 미쳐 있다며?"

"수학 문제를 푸느라 자기 일도 제대로 안 한다던데."

소문은 꼬리에 꼬리를 물고 돌아다녔습니다. 작은 먼지들이 모여서 먼지 덩이를 만들 듯, 소문은 크게 부풀었습니다.

"페르마는 돈을 좋아하고, 보고서 하나도 제대로 쓰지 못한다더군."

"자네도 그 소문을 들었군. 동료들끼리도 어울리지 못하고, 정신이 이상하다는 말도 있던데."

루이즈는 남편이 다른 사람들에게 오해를 받는 게 싫었습니다.

"당신에 대해 사람들이 뭐라고 하는지 알고 있어요? 당신도 다른 수학자들처럼 새로 발견한 내용을 발표해 보는 것은 어때요?"

루이즈는 페르마가 어떤 반응을 보일지 알고 있

었지만, 그래도 가끔은 답답한 생각이 들었습니다.

"루이즈, 당신 마음을 모르는 건 아니오. 하지만 나는 유명해지거나 돈을 많이 벌고 싶은 생각이 없소. 나는 지금이 정말 좋단 말이오."

페르마는 다른 사람들이 이러쿵저러쿵하는 말을 신경 쓰지 않았습니다. 그리고 취미로 하는 수학도 손에서 놓지 않았습니다.

확률론의 기초를 세우다

일을 일찍 끝내고 집으로 돌아온 페르마는 서재에서 책을 읽었습니다. 공정한 판결을 내리기 위해서 페르마는 사람들과 어울리지 않았습니다. 그러다 보니 수학은 뗄 수 없는 존재가 되어 버렸습니다. 수학에서 즐거움을 찾던 페르마는 수학이 직업적인 일이 되는 것이 싫었습니다.

어느 날 페르마는 편지 한 통을 받았습니다. 수학자 파스칼에게서 온 편지였습니다. 페르마는 파스칼과 한 번도 만난 적이 없지만, 깊이 신뢰하고 있었습니다. 두 사람은 수학에 관한 내용을 주로 편지에 적어 보냈습니다. 파스칼은 페르마가 보여 주는 수학의 깊이에 감탄했습니다.

페르마 선생님, 이번 발견에 무척 놀랐습니다. 그리고 새로운 발견을 다른 사람들에게 알리는 게 중요한 일이라고 생각합니다. 발견한 사실을 발표하는 게 어떻습니까? 연구 결과의 일부만이라도 말입니다. 신중하게 생각해 주십시오.

- 파스칼이

파스칼도 메르센 신부와 같은 생각을 했습니다. 그러나 페르마의 생각은 변함없었습니다.

내가 증명한 것들이 책으로 나오면 나는 유명해

질 수도 있을 거예요. 사람들이 나를 우러러볼 수도 있겠지요. 그러나 나는 그런 것에 관심이 없습니다. 만일 책이 나온다고 해도 거기에 내 이름을 적어 놓지 않을 것입니다.

— 페르마가

파스칼의 권유에도 페르마는 생각을 바꾸지 않았습니다.

"오늘은 한가하네요."

정원에서 햇볕을 쬐며 앉아 있는 페르마의 곁으로 루이즈가 다가왔습니다.

"내가 그렇게 정신없이 살았소?"

루이즈는 아무런 대답 없이 물끄러미 쳐다보기만 했습니다.

루이즈와 눈이 마주치자, 페르마는 헛기침을 했습니다.

"으흠."

"꼭 장난꾸러기 아이 같다니까요. 아 참, 당신에게 온 편지예요."

루이즈가 편지를 건넸습니다.

"파스칼에게서 온 거로군."

페르마는 친한 친구를 만난 듯 반갑게 편지를 받아 들었습니다.

잘 지내시는지요? 제게 어려운 문제가 하나 생겼습니다. 한 사람이 제게 질문을 했는데 답을 찾느라 고민 중입니다. 이 문제를 해결할 방법을 찾게 되면 제게 편지로 알려 주십시오.

파리의 한 도박사가 친구들과 주사위 게임을 하던 중에 급한 볼일이 생겨 게임을 중단하게 되었습니다. 주사위를 여덟 번 던져서 6이 먼저 나오는 사람이 이기는 게임입니다. 세 번의 주사위를 던졌는데 아직 6이 나오지 않았을 때, 게임을 중단하게 되었답니다. 게임이 아직 끝나지 않았는데 누가 돈을 가져가야 할까요? 공정하게 나누는 방법이 있습니까? 과연 답이 있을까요?

— 파스칼이

페르마는 이 문제를 어떻게 해결할지 고민했습니다.

'게임의 결과를 어떻게 생각해 볼 수 있을까?'

페르마는 머릿속으로 여러 가지 경우를 떠올려 보았습니다.

페르마는 파스칼과 여섯 달 동안 많은 편지를 주고받았습니다. 편지를 통해서 두 사람은 여러 게임을 분석할 수 있는 방법들을 알아냈습니다.

"만약에 별 모양 사탕이 두 개, 하트 모양 사탕이 세 개가 있다면 사탕을 가질 수 있는 경우는 몇 가지가 되지?"

페르마는 머릿속으로 생각해 보다 빈 공책 아무 곳에나 식을 써 내려갔습니다.

"별 모양 사탕을 가지는 방법의 수와 하트 모양의 사탕을 가지는 방법의 수를 합하면 되는 거지. 그렇다면 이 문제도 그런 식으로 해결하면 되지 않을까?"

곰곰이 생각하던 페르마는 곧 간단한 해결 방법을 찾아냈습니다.

"답을 찾았어! 파스칼에게 빨리 알려 줘야겠군."

해결 방법은 게임이 끝까지 진행되었을 때, 나올 수 있는 가능한 모든 결말을 놓고 *확률을 구하는 것이었습니다.

그런데 파스칼은 파스칼대로 확률을 연구하고 있었습니다. 주사위를 던지는 능력이 모두 같다고 보고, 게임이 계속 진행되었을 때 한 사람씩 이길 확률을 계산했습니다. 그리고 이 확률에 *비례해

***확률** 어떤 조건 아래 일어날 수 있는 가능성의 정도.
***비례** 한쪽이 증가함에 따라 다른 쪽이 함께 증가함.

돈을 나누어 갖는 것이 가장 옳다는 결론을 내렸습니다.
 두 사람은 그동안 연구해 온 결과를 서로 비교해 보았습니다. 찾아낸 결론이 아주 비슷하다는 것을 알고, 두 사람은 몹시 기뻐했습니다.

> 우리 두 사람이 낸 결론이 같다는 사실에 무척 기쁩니다. 연구를 계속해 나가는 동안 선생님과 저는 같은 길을 걷고 있는 것입니다. 선생님과 함께 간다면 길을 벗어난다 해도 조금도 두렵지 않습니다. 선생님과 함께 연구하고 의견을 나눈다면, 반드시 올바른 해답을 찾을 수 있을 거라고 믿습니다.
>   - 파스칼이

"파스칼을 알게 되다니 나는 운이 좋군."
 페르마는 자기보다 나이가 적은데도 파스칼을 존

경했습니다. 한 번도 만난 적은 없지만, 서로에 대해 많은 것을 알고 있는 것 같았습니다.

"루이즈, 당신과 내가 카드놀이를 하면 누가 이길 것 같소?"

"갑자기 그게 무슨 말이에요. 이번에도 새로운 것을 알아냈어요?"

그러자 페르마는 잔뜩 들떠서 확률에 대해 설명하기 시작했습니다.

"예를 들면 동전을 던져서 앞면이 나올 경우나, 흰 공과 검은 공이 든 바구니에서 흰 공을 잡을 경우 등을 수학적으로 계산할 수 있다는 거지."

페르마는 파스칼과 함께 확률론의 기초를 세웠습니다. 두 사람은 어떤 사건이 일어날 가능성을 측정하여 모든 종류의 확률 게임에 적용할 수 있는 법칙을 발견했습니다.

페르마는 확률 말고도 여러 분야에 관심을 가졌

습니다. 단순한 곡선들의 면적을 구하는 방법을 발견해서 미적분학의 기초를 마련했습니다.

페르마의 편지를 받은 수학자들은 때때로 자존심이 상하기도 했습니다. 한편으로 수학자들은 페르마의 편지를 통해 많은 영감을 얻었습니다. 또 과학자들은 페르마 덕분에 속도와 *가속도 같은 개념을 더욱 확실하게 이해할 수 있었습니다.

페르마는 기원전부터 내려온 수학적 기초를 공부해 더욱 새로운 학문 체계를 완성시켰습니다.

***가속도** 진행되면서 점점 더해지는 속도.

마지막 재판

 세월이 흘러 페르마의 나이가 예순다섯 살이 되었습니다. 페르마의 얼굴에는 깊은 주름이 생기고, 흰머리도 하루가 다르게 늘어 갔습니다.
 "날이 흐리군. 눈이 올 것만 같아."
 잔뜩 찌푸린 하늘은 금방이라도 뭔가 쏟아 놓을 듯 했습니다. 활활 타는 불 앞에 앉아 있던 페르마는 멍한 표정으로 밖을 내다보았습니다. 날이 흐려서인지 길에는 사람들이 별로 없었습니다.

"콜록콜록."

잔기침이 나왔습니다. 기침을 할 때마다 가슴이 아프고 답답했습니다. 목에서 탁한 소리가 나기도 했습니다.

"괜찮으세요?"

사무관이 걱정스럽게 말했습니다.

"괜찮아. 오늘따라 기침이 심하군."

"며칠째 계속 기침을 하시는데, 너무 무리하지 마세요."

사무관이 안쓰러운 얼굴로 쳐다보았습니다.

"이제 나도 쉴 때가 된 것 같군."

"판사님이 그런 말씀을 하시다니 의외인걸요."

"의외라니?"

페르마가 놀라는 표정으로 쳐다보자, 둥글둥글한 얼굴에 마음씨 좋게 생긴 사무관이 빙그레 웃었습니다.

"젊은 사람들도 판사님처럼 일하기는 쉽지 않아요. 참 대단하세요."

"자네 나를 놀리는 건가? 눈치 없이 이 자리에 남아 있다고?"

"그럴 리가요! 잘 알면서 그러십니다. 그나저나 공직 생활이 몇 년째시죠?"

"허허, 내가 이 일을 오래하기는 했네. 벌써 삼십사 년이라니!"

페르마는 잠시 눈을 감고, 생각에 잠겼습니다. 페르마는 처음 법률 일을 시작했을 때의 기억을 떠올렸습니다. 바르고 공정한 사람이 되겠다는 패기 있는 젊은이의 모습이었습니다.

"일을 하시면서 힘든 적도 많으셨죠?"

"무슨 일이든 마찬가지겠지. 그러나 나는 이 일이 좋았어."

"대단하십니다. 평생 동안 같은 일을 하기는 쉽지 않죠."

페르마는 자기 일을 *천직이라고 여겼습니다. 자기 때문에 억울한 결과를 당하는 사람이 없도록 하기 위해 늘 꼼꼼하게 준비하고 생각했습니다. 판결을 내리기 어려울 때는 수학 문제를 풀며 마음을 가라앉혔습니다.

*천직 타고난 직업이나 직분.

"쿨럭쿨럭!"

페르마는 기침이 더 심해졌습니다. 요즘 들어 건강이 전 같지 않았습니다. 자주 기침을 하고, 쉽게 피로해졌습니다. 잠을 자도 머리가 아프고 개운하지 않았습니다.

"오늘은 그만 들어가십시오. 그리고 이번 재판 말인데요. 다른 사람에게 맡기는 게……."

"아닐세. 내가 하지."

주변에 자신을 걱정하는 사람들이 많다는 것을 페르마도 알고 있었습니다. 페르마도 이제는 물러나야 할 때라고 생각했습니다.

평생 법률 일을 해 온 페르마는 최선을 다해 일을 마무리하고 싶었습니다. 그동안 많은 어려움이 있었지만 잘 견뎌 왔습니다.

집으로 돌아온 페르마는 서재로 갔습니다. 책상 위에는 여전히 《산술》이 놓여 있었습니다. 책도 페르마와 함께 나이를 먹었습니다. 오래된 낡은 책에는 세월의 흔적이 고스란히 묻어 났습니다. 기쁘거나 힘들 때 옆에서 든든한 친구가 되어 준 책이었습니다.

페르마는 책장을 넘겼습니다. 책의 여백에 낯익은 자신의 글씨가 적혀 있었습니다.

'이 책을 알지 못했다면, 내 인생은 많이 달라졌을 거야.'

수학 문제를 하나하나 풀면서 얼마나 행복했는지 새삼스러웠습니다. 수학자들과 주고받은 편지도 차곡차곡 쌓여 있었습니다. 한 번도 직접 만난 적은 없지만, 편지를 주고받는 것만으로도 페르마는 커다란 즐거움을 느꼈습니다.

"이 재판까지 무사히 끝내야 할 텐데."

페르마는 마지막이 될지도 모르는 재판을 준비했습니다.

다음 날 페르마는 법정에 섰습니다.

"판사님의 낯빛이 안 좋은데."

그러나 재판이 시작되자, 페르마의 얼굴에 생기가 돌았습니다.

"무슨 일이든 핑계가 있게 마련입니다. 당신은 나라를 위해 일하는 공직자로서 맡은 바 책임을 다하지 못했습니다. 많은 사람들에게 준 고통을 반성하기 바랍니다. 그리고 그에 맞는 대가를 치러야 합니다. 그러므로……."

페르마는 꼿꼿한 자세로 엄숙하고 정확하게 판결을 내렸습니다.

지켜보던 사람들도 안도의 숨을 내쉬었습니다. 재판이 끝나고, 사람들이 모두 돌아갔습니다. 페르마는 천천히 법정 안을 둘러보았습니다.

"내 꿈이 이곳에서 숨 쉬고 자라났지."

페르마는 이제 후회도 미련도 없었습니다.

마지막 판결을 내리고 사흘 뒤에 페르마는 세상을 떠났습니다.
 법률가이면서 아마추어 수학자로 살아온 페르마는 가장 어려운 수수께끼를 남겼습니다.

 나는 이것을 증명했는데 당신들은 어떻소?

수학사에 남긴 페르마의 업적

페르마는 취미 삼아 수학을 한 아마추어 수학자였어요. 취미로 한 수학이지만, 수학사에 엄청난 영향을 끼쳤지요. 그중 사람들의 관심을 불러 모은 가장 큰 관심거리는 삼백여 년 동안 수학자들을 끙끙거리게 만들고, 현상금마저 걸린 '페르마의 마지막 정리'예요.

페르마의 마지막 정리는 고대 그리스에서부터 전해 내려온 《산술》과 함께 시작되었어요. 디오판토스가 쓴 《산술》을 천사백여 년 후에 페르마가 읽었고, 페르마가 《산술》의 여백에 적은

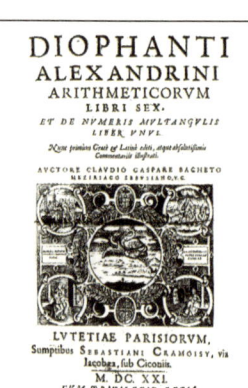

디오판토스의 《산술》

정리를 삼백여 년 후에 와일스가 증명한 거예요. 그리고 페르마의 마지막 정리를 증명하는 과정에서 생겨난 문제들이 수학의 여러 분야를 발전시켰지요.

1993년, 와일스가 페르마의 마지막 정리를 증명했어요. 그러나 아뿔싸! 오류가 발견되었어요. 수학의 세계에서는 아주 작은 오류도 인정되지 않거든요. 와일스는 다시 피나는 노력 끝에 1995년, 마침내 증명을 해냈어요.

페르마의 또 다른 업적도 살펴볼까요? 페르마는 평면을 넷으로 나누었어요. 평면은 수학에서 중요한 연구 대상이었어요. 평면을 놓고 연구

페르마

함께요

할 때, 그전에는 널빤지처럼 평평한 것을 평면으로 생각했어요. 그런데 페르마는 눈금을 매긴 선을 가로와 세로로 놓아, 평면을 네 개로 나누었어요. 눈금이 있는 가로 선과 세로 선은 직각을 이루고 있지요. 네 개로 나눈 평면의 이름은 각각 1사분면, 2사분면, 3사분면, 4사분면이에요. 평면 위의 어떤 점을 '좌표'라고 하는데, 네 개로 나눈 평면은 좌표를 나타내기 쉬워요. 또한 좌표의 움직임까지 나타낼 수 있지요. 이러한 연구는 '해석 기하

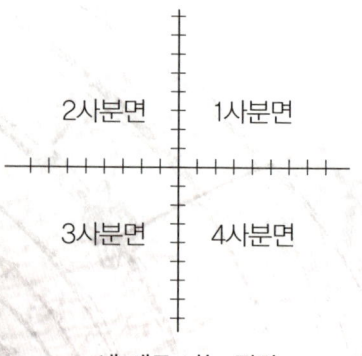

네 개로 나눈 평면

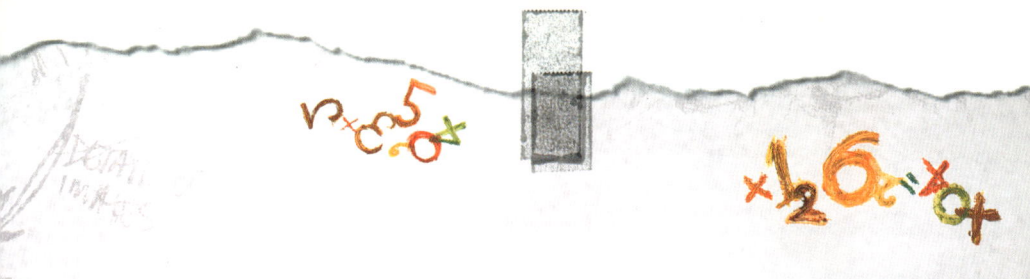

학'으로 수학사에 자리 잡았어요. 하지만 페르마는 연구 결과를 발표하지 않았어요. 이러한 내용은 페르마와 편지를 주고받았던 데카르트가 발표했지요.

페르마는 파스칼과 편지를 주고받으면서 '확률론'의 기초를 세우는 데도 이바지했어요. 확률론은 게임에서 이길 확률을 구하는 데서 비롯되었지요. 오늘날 확률은 일기 예보에서 많이 볼 수 있어요. 날씨 같은 자연 현상을 예측할 때 확률이 쓰이지요. "오늘 비가 올 확률은 육십 퍼센트입니다."라고 말이에요. 또 휴대 전화 요금, 증권과 펀드의 시세 예측, 보험 상품 개발 등 경제

확률론을 낳은 주사위 게임

와 금융에서 확률은 아주 중요하지요.

또 페르마는 '미적분학'을 이끌어 내기도 했어요. 미적분학의 창시자로 뉴턴과 라이프니츠가 널리 알려져 있지요. 하지만 두 사람이 태어나기도 전에 페르마가 기본 개념을 세웠다는 게 밝혀졌어요. '미적분'이란 서로 반대 개념인 미분과 적분을 아우르는 말이에요. '미분'에는 잘게 쪼갠다는 뜻이 있어요. '적분'에는 다시 합친다는 뜻이 있지요. 미적분학은 변화율을 나타내요. 그래서 과학 분야, 경제학 분야, 사회학 분야 등 변화가 일어나는 모든 곳에 아주 다양하게 쓰이지요.

법률가이면서 취미 삼아 수학을 했다는 페르마 이야기는 아주 소설 같아요. 게다가 취미 수학으로 수학의 발전에 커다란 영향을 끼친 페르마의 업적은 정수론, 기하학, 확률론 등에서 찬란하게 빛나고 있지요. 무엇보다도 수의 성질을 연구하는 '정수론'에 큰 업적을 남겨 '현대 정수론의 아버지'라고 불려요.

페르마 기념 우표

페르마 더 살펴보기

📖 페르마의 마지막 정리

페르마는 성품이 아주 대쪽 같은 법관이었어요. 《산술》의 여백에 기록을 할 때에도 자신의 생각인지, 증명한 사실인지 확실하게 구분해 놓았지요. 많은 수학자들이 연구한 결과, 페르마의 기록은 아주 정확하다고 인정되었어요. 그런데 단 한 가지, '페르마의 마지막 정리'를 두고 의견이 엇갈렸어요. 삼백여 년이 넘도록 아무도 증명을 못했으니, 정말로 페르마가 증명을 했는지 슬슬 의심이 들기 시작했지요.

《산술》을 쓴 디오판토스는 $x^2 + y^2 = z^2$이라

는 방정식을 연구했어요. x, y, z의 어깨에 있는 작게 쓰인 수는 지수라고 하지요. 지수는 곱한 횟수를 뜻해요. 그러니까 x^2은 $x \times x$, x^3은 $x \times x \times x$를 뜻해요. x에 3, y에 4, z에 5를 넣으면 이 방정식은 참이 되지요. 디오판토스는 문자의 자리에 대신 넣었을 때 참이 되는 숫자를 찾았어요. 그런데 지수가 2일 때는 x, y, z에 들어갈 수 있는 세 수의 쌍이 많아요. (3, 4, 5), (5, 12, 13), (6, 8, 10) 등이 있지요. 하지만 지수가 2보다 크면 이 방정식이 참이 되게 하는 세 수의 쌍은 없어요.

식의 모양을 조금 바꾸어 $x^n + y^n = z^n$으로 놓

아요. n의 자리에 2가 들어가면 방정식이 참이 되게 하는 세 수의 쌍은 여럿이지만, n의 자리에 2보다 큰 다른 수가 들어가면 방정식이 참이 되게 하는 세 수의 쌍을 찾을 수 없지요. 페르마는 왜 그런지 증명을 해낸 거지요. "n이 2보다 크면, 방정식 $x^n + y^n = z^n$을 만족하는 수 x, y, z는 존재하지 않는다. 나는 이 정리를 증명했지만, 여백이 너무 좁아서 쓰지 않는다."라고 적은 기록이 사건의 발단이었어요.

무려 삼백여 년 동안 숱한 수학자들이 이 증명에 매달렸어요. 오일러는 $x^3 + y^3 = z^3$일 때, 르장드르가 $x^5 + y^5 = z^5$일 때, x, y, z에 넣어

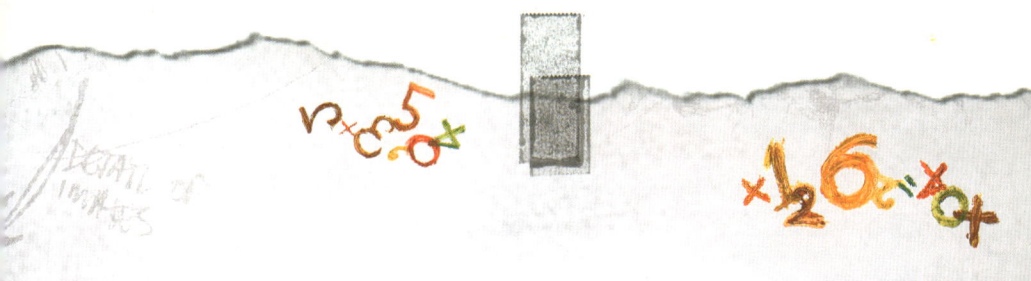

방정식이 참이 되게 하는 수가 없다는 것을 증명했어요. 이 밖에도 여러 수학자들이 페르마의 마지막 정리를 부분적으로 증명했어요. 하지만 n의 자리에 2보다 큰 어떤 수를 넣어도 방정식이 틀리다는 것을 증명해야만, 수학적으로 완벽한 것이었지요.

　와일스는 이 문제를 풀기 위해 칠 년 동안 열정을 쏟아 부었어요. 그리고 마침내 이백 쪽에 달하는 논문으로 페르마의 마지막 정리를 증명했지요.

수학 영재들이 꼭 읽어야 할 천재 수학자 2
수학을 놀이처럼 즐겨라 페르마

펴낸날	초판 1쇄 2008년 3월 30일
	초판 4쇄 2014년 6월 30일

지은이	박윤경
그린이	송향란
감 수	계영희
펴낸이	심만수
펴낸곳	(주)살림출판사
출판등록	1989년 11월 1일 제9-210호

주소	경기도 파주시 광인사길 30
전화	031-955-1350 팩스 031-955-1355
홈페이지	http://www.sallimbooks.com
이메일	book@sallimbooks.com

ISBN	978-89-522-0842-2 74410
	978-89-522-0828-6 74410 (세트)

※ 값은 뒤표지에 있습니다.
※ 잘못 만들어진 책은 구입하신 서점에서 바꾸어 드립니다.